Impressum
Verlag: BABADADA GmbH, Nedderfeld 112 , 22529 Hamburg
Geschäftsführer / Verlagsleitung: Harald Hof
Druck: Books on Demand GmbH, In de Tarpen 42, 22848 Norderstedt

Imprint
Publisher: BABADADA GmbH, Nedderfeld 112 , 22529 Hamburg, Germany
Managing Director / Publishing direction: Harald Hof
Print: Books on Demand GmbH, In de Tarpen 42, 22848 Norderstedt, Germany

школа

mekdep

класна кімната
synp otagy

ділити
bölmek

186/2

дошка
tagta

шкільний двір
mekdep howlusy

вчитель
mugallym

папір
kagyz

писати
ýazmak

ручка
ruçka

письмовий стіл
ýazuw stoly

лінійка
çyzgyç

книга
kitap

учень
okuwçy

ранець

ranes

пенал

penal

олівець

galam

точило

galam artylýan

гумка

bozguç

альбом для малювання

surat çekmek üçin albom

малюнок

surat

пензель

çotgajyk

коробка фарб

reňkli guty

ножиці

gaýçy

клей

ýelim

зошит

depder

домашнє завдання

öý işi

12

число

san

2+2

додавати

goşmak

5-2

віднімати

aýyrmak

2×2

множити

köpeltmek

рахувати

hasaplamak

A

літера

harp

ABCDEFG HIJKLMN OPQRSTU VWXYZ

абетка

elipbiý

слово

söz

текст
tekst

читати
okamak

крейда
hek

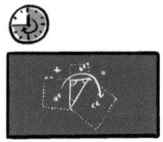

година
sapak

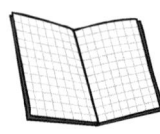

класний журнал
synp dergisi

екзамен
synag

диплом
diplom

шкільна форма
mekdep lybasy

освіта
bilim

лексикон
ensiklopediýa

університет
uniwersitet

мікроскоп
mikroskop

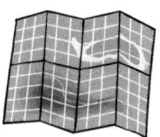

карта
karta

кошик для паперу
kagyz üçin sebet

подорож

syýahat

Grand
готель
myhmanhana
турбаза
syýahatçylyk bazasy
обмінний пункт
walýuta çalyşmak üçin bent
валіза
çemedan
автомобіль
awtomobil

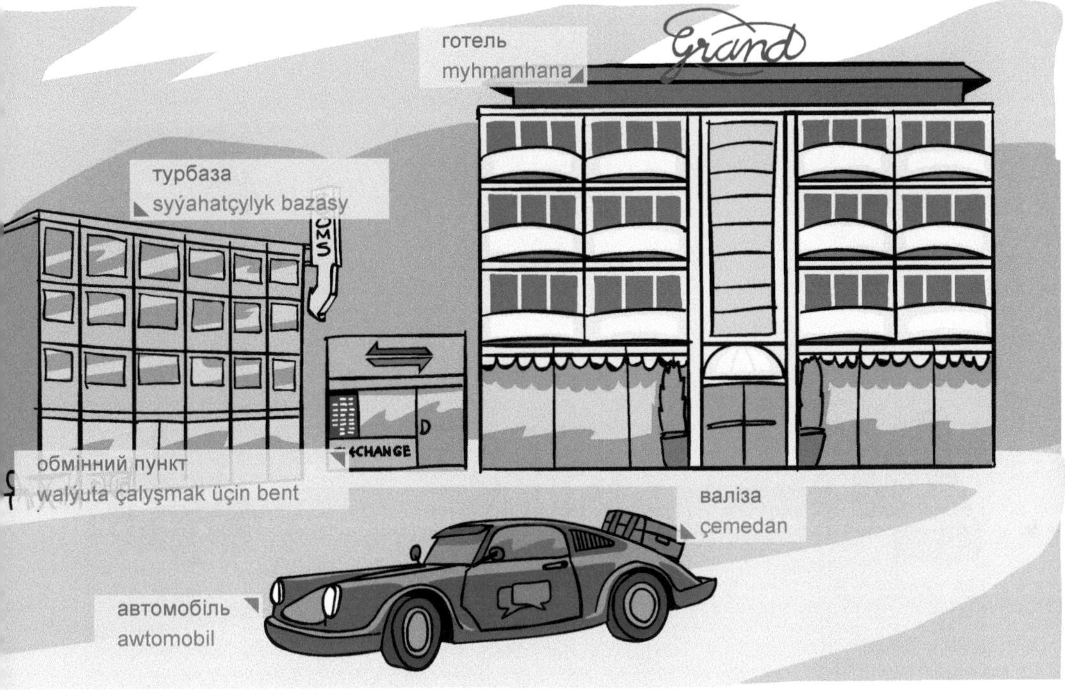

мова
dil

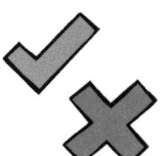

так / ні
hawwa / ýok

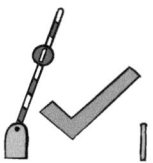

добре
bolýa

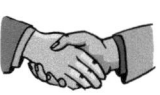

привіт
salam

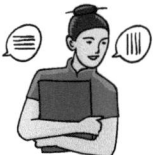

перекладач
terjimeçi

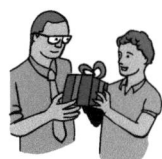

дякую
Minnetdar

Скільки коштує ...?

bahasy näçe?

Я не розумію

men düşünmeýärin

проблема

mesele

Добрий вечір!

Agşamyňyz haýyr!

Доброго ранку!

Ertiriňiz haýyrly!

На добраніч!

Gijäňiz rahat bolsun!

До побачення

görüşýänçäk

напрямок

ugur

багаж

ýük

сумка

torba

рюкзак

eginden asylýan torba

гість

myhman

кімната

otag

спальний мішок

halta ýorgan

намет

çadyr

туристична інформація

syýahatçylyk maglumaty

пляж

kenarýaka

кредитна картка

karz karty

сніданок

ertirlik

обід

günortanlyk

вечеря

agşamlyk

квиток

petek

ліфт

lift

поштова марка

poçta markasy

межа

çäk

митниця

gümrük

посольство

ilçihana

віза

wiza

паспорт

pasport

транспорт

ulag

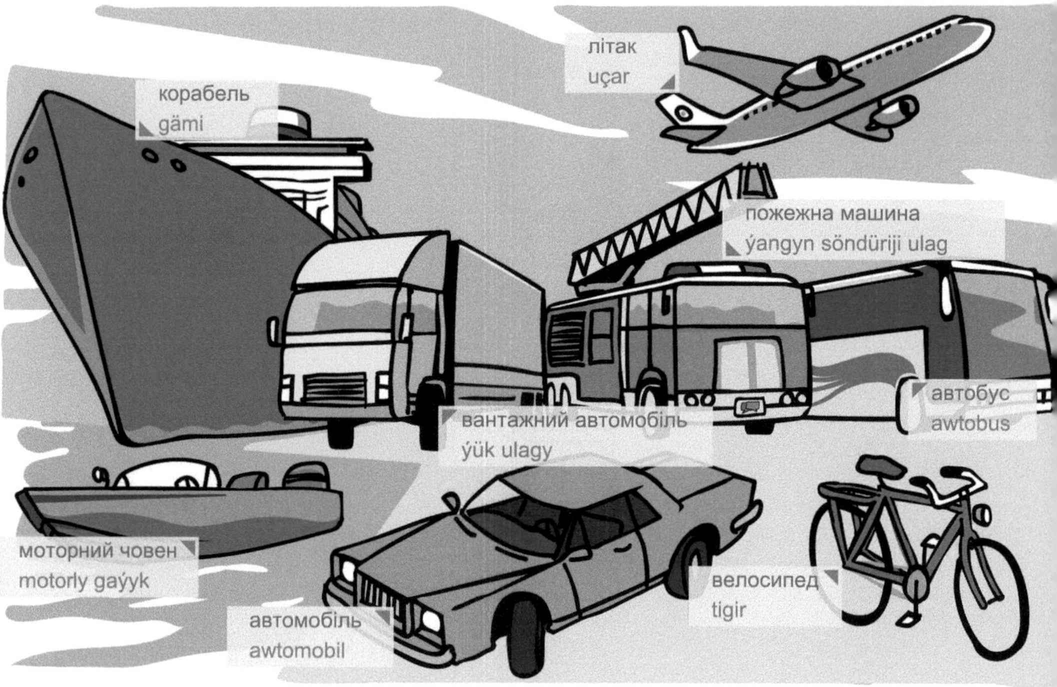

літак
uçar
корабель
gämi
пожежна машина
ýangyn söndüriji ulag
автобус
awtobus
вантажний автомобіль
ýük ulagy
моторний човен
motorly gaýyk
велосипед
tigir
автомобіль
awtomobil

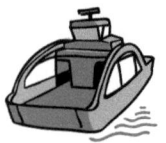

пором

parom

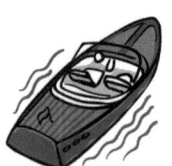

човен

gaýyk

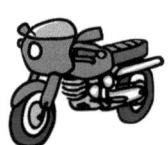

мотоцикл

motosikl

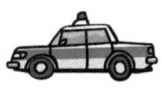

поліцейська машина

polisiýa ulagy

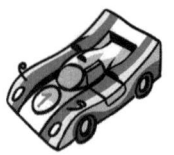

гоночний автомобіль

çapyşyk

автомобіль на прокат

kärendä alnan ulga

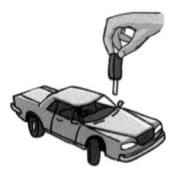

пільне користування авто

ulagy bilelikde ulanmak

евакуатор

tirkeg ulagy

сміттєвоз

zir-zibil daşaýan ulag

двигун

hereketlendiriji

паливо

ýangyç

автозаправна станція

guýma

дорожній знак

ýol belgisi

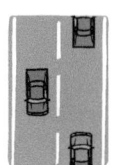

рух

hereket

затор

dyky

стоянка

awtoduralga

вокзал

menzil

рейки

seplem

потяг

otly

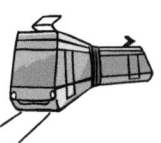

трамвай

tramwaý

вагон

wagon

гелікоптер

dik uçar

аеропорт

howa menzili

вежа

minara

пасажир

ýolagçy

контейнер

konteýner

коробка

guty

візок

araba

кошик

sebet

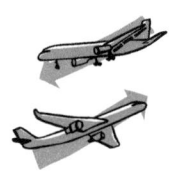

стартувати / приземлятися

uçmak / gonmak

місто

şäher

село

oba

центр міста

şäher merkezi

дім

öý

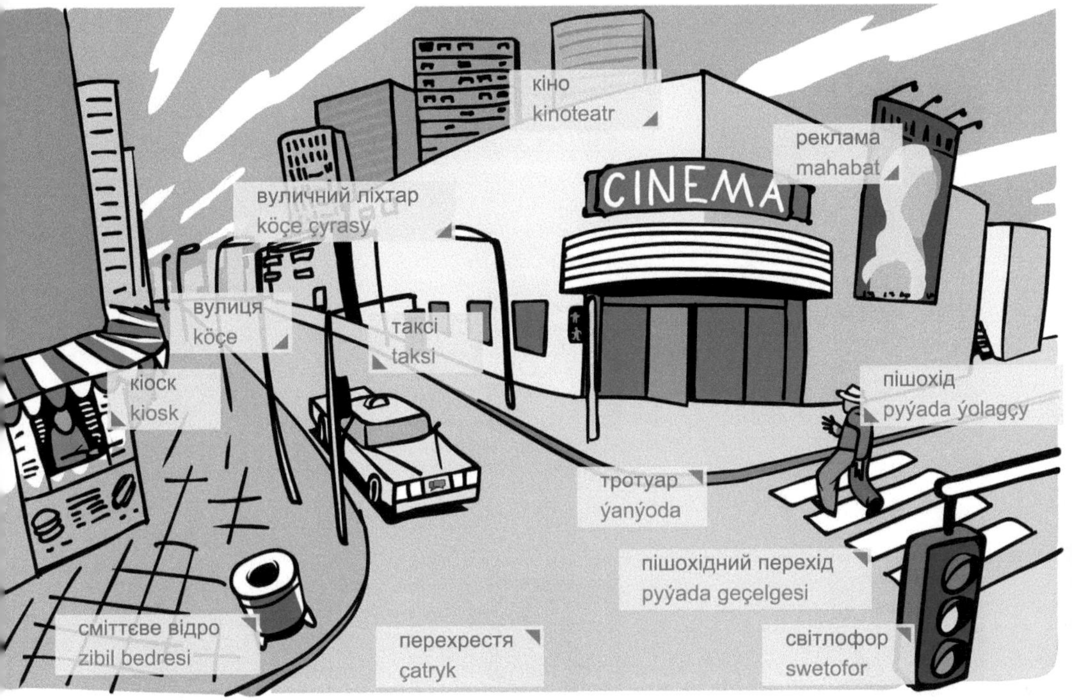

CINEMA

кіно / kinoteatr

реклама / mahabat

вуличний ліхтар / köçe çyrasy

вулиця / köçe

таксі / taksi

пішохід / pyýada ýolagçy

кіоск / kiosk

тротуар / ýanýoda

пішохідний перехід / pyýada geçelgesi

сміттєве відро / zibil bedresi

перехрестя / çatryk

світлофор / swetofor

хатина

kepbe

квартира

öý

вокзал

menzil

ратуша

şäher häkimligi

музей

muzeý

школа

mekdep

університет

uniwersitet

банк

bank

лікарня

hassahana

готель

myhmanhana

аптека

dermanhana

офіс

ofis

книжковий магазин

kitap dükany

магазин

dükan

квітковий магазин

gül dükany

супермаркет

supermarket

ринок

bazar

універмаг

uniwermag

торговець рибою

balyk söwdagäri

торговельний центр

söwda merkezi

гавань

port

парк

park

лава

oturgyç

міст

köpri

сходи

merdiwan

метро

metro

тунель

ötük

автобусна зупинка

awtobus

бар

bar

ресторан

restoran

поштова скринька

poçta gutusy

вулична табличка

köçäni adyny görkezýän
ýazgy

лічильник паркування

parkometr

зоопарк

haýwanat bagy

басейн

basseýn

мечеть

metjit

ферма

ferma

забруднення навколишнього середовища

daşky gurşawyň hapalanmagy

кладовище

gonamçylyk

церква

buthana

дитячий майданчик

çaga meýdançasy

храм

ybadathana

ландшафт
landşaft

листок
ýaprak

вказівний стовп
ýol görkeziji

шлях
ýol

луг
ýaýla

камінь
daş

дерево
agaç

мандрівник
syýahatçy

річка
derýa

трава
ot

квітка
gül

долина

dere

гора

dag

озеро

köl

ліс

tokaý

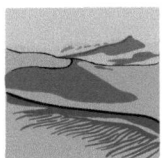

пустеля

çöl

вулкан

wulkan

замок

gulp

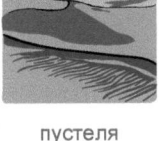

веселка

älemgoşar

гриб

kömelek

пальма

palma agajy

комар

çybyn

муха

sinek

мурашка

garynja

бджола

bal arysy

павук

möý

жук

tomzak

жаба

gurbaga

вивірка

awusiýdik

їжак

kirpi

заєць

towşan

сова

baýguş

птах

guş

лебідь

guw

кабан

ýekegapan

олень

sugun

лось

los

гребля

bent

вітряк

şemal generatory

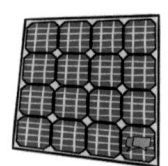

сонячний модуль

gün batareýasy

клімат

howa

ресторан

restoran

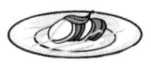

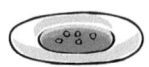

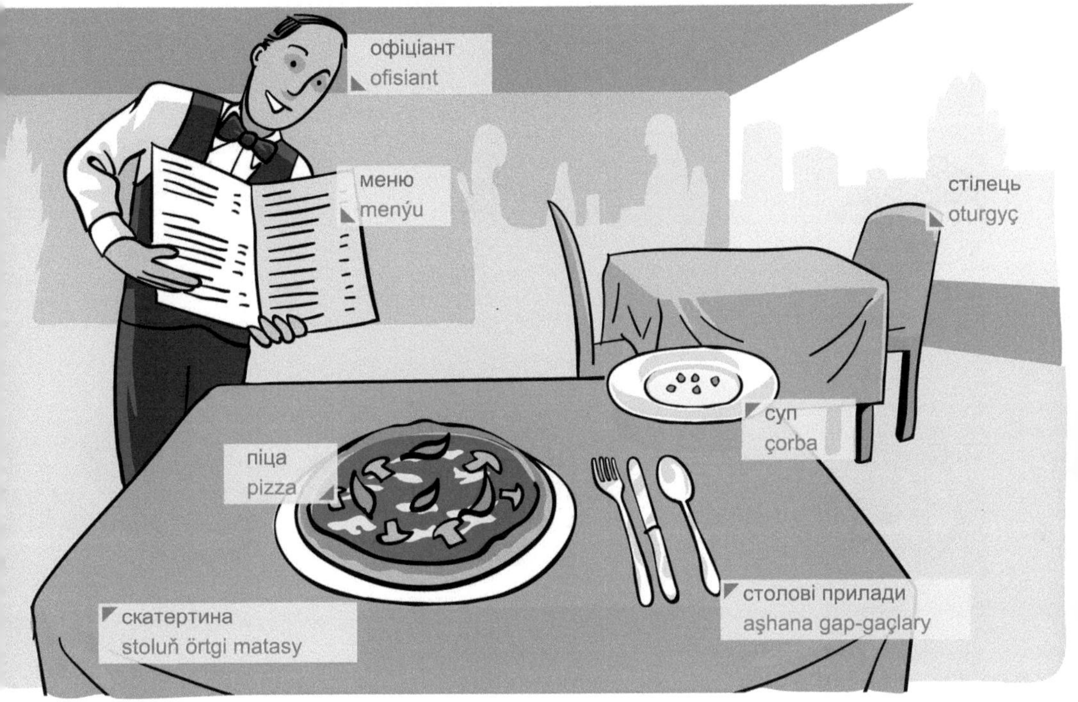
офіціант
ofisiant
меню
menýu
стілець
oturgyç
суп
çorba
піца
pizza
столові прилади
aşhana gap-gaçlary
скатертина
stoluň örtgi matasy

закуска

garbanma

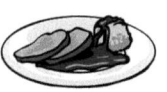

друга страва

esasy tagam

десерт

süýjülik

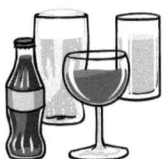

напої

içgiler

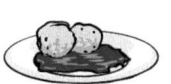

їжа

nahar

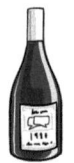

пляшка

süýşe

фаст-фуд

tiz tagam

вулична їжа

köçe iýmiti

чайник

çäýnek, kitir

цукорниця

şeker gaby

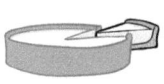

порція

porsiýa

еспресо-машина

kofe gaýnadyjy

високий стільчик

çaga oturgyjy

рахунок

hasap

піднос

mejme

ніж

pyçak

вилка

çarşak

ложка

çemçe

чайна ложка

çaý çemçesi

серветка

salfetka

склянка

bulgur

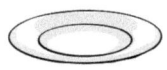

тарілка

tarelka

тарілка для супу

çorba tarelkasy

блюдце

tabajyk

соус

sous

солонка

duz gaby

млин для перцю

burçy üweýji

оцет

sirke

масло

ýag

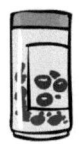

спеції

huruş

кетчуп

ketçup

гірчиця

gorçisa

майонез

maýonez

супермаркет

supermarket

пропозиція
ýörite teklip
клієнт
alyjy
молочні продукти
süýt önümleri
фрукти
miweler
візок для покупок
satyn alnan zatlar üçin araba
FOR

BUTCHERS

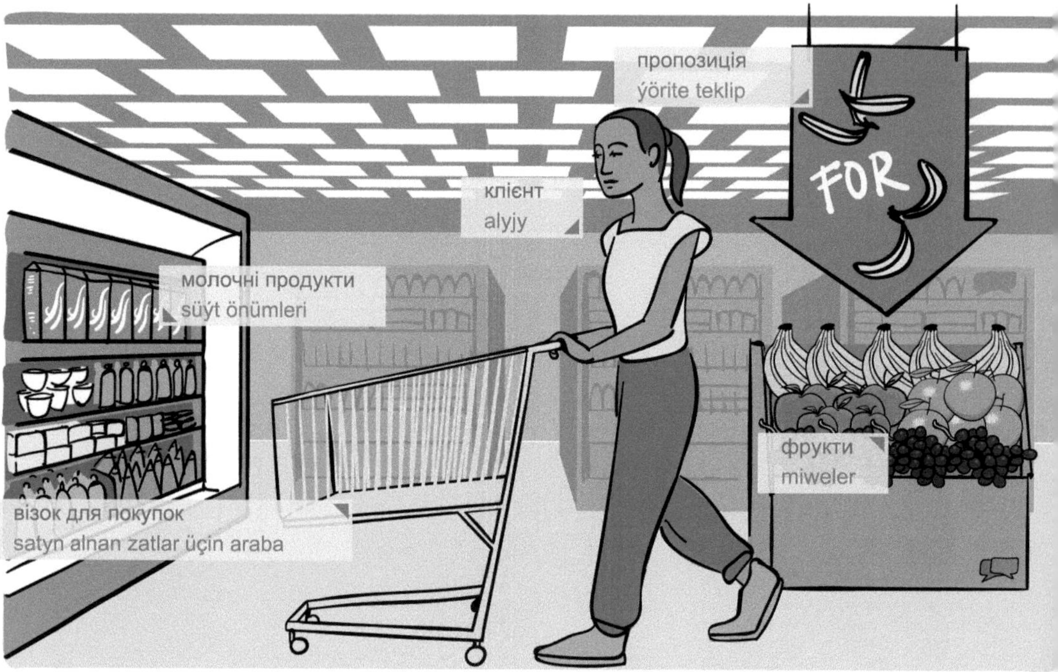

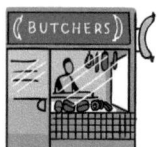

м'ясний магазин

et dükany

BAKERY

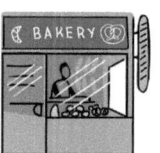

пекарня

çörek kärhanasy

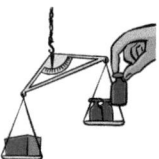

зважувати

ölçemek

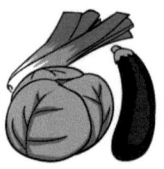

овочі

gök önümler

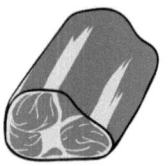

м'ясо

et

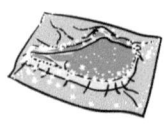

заморожені продукти

tiz doňýan önümler

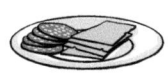

ковбасна нарізка
kesme

консерви
konserwirlenen önümler

пральний порошок
kir ýuwujy toz

солодощи
süýjülikler

предмети домашнього побуту
öýde ulanylýan zat

мийний засіб
ýuwujy serişde

продавщиця
satyjy aýal

каса
kassa

касир
pulhanaçy

список покупок
satyn alynmaly zatlar

часи роботи
iş wagty

гаманець
gapjyk

кредитна картка
karz karty

сумка
sumka

поліетиленовий пакет
polietilen paket

вода

suw

сік

şire

молоко

süýt

кола

koka-kola

вино

wino

пиво

piwo

алкоголь

alkogol

какао

kakao

чай

çaý

кава

kofe

еспресо

espresso

капучіно

kapuçino

банан

banan

яблуко

alma

апельсин

pyrtykal

кавун

garpyz

лимон

limon

морква

käşir

часник

sarymsak

бамбук

bambuk

цибуля

sogan

гриб

kömelek

горішки

hoz

локшина

un aş

спагеті

spagetti

рис

tüwi

салат

işdäaçar

картопля фрі

gowurylan ýer alma

смажена картопля

gowurylan ýer alma

піца

pizza

гамбургер

gamburger

бутерброд

sendwiç

шніцель

üweme

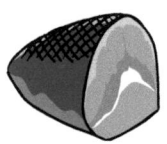

шинка

wetçina

салямі

salýami

ковбаса

şöhlat

курка

towuk

печеня

gowrulyp taýýarlanýan nahar

риба

balyk

вівсяні пластівці

süle patragy

мюслі

mýusli

кукурудзяні пластівці

mekgejöwen patragy

борошно

un

круасан

kruassan

булочка

bulka

хліб

çörek

тостовий хліб

tost

печиво

köke

масло

ýag

сир

dorog

пиріг

pirog

яйце

ýumurtga

яєчня

heýgenek

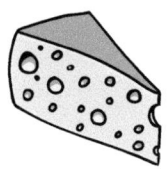

сир

peýnir

морозиво

doňdurma

цукор

şeker

мед

bal

мармелад

marmelad

нуга-крем

nogully krem

карі

karri

ферма

ferma

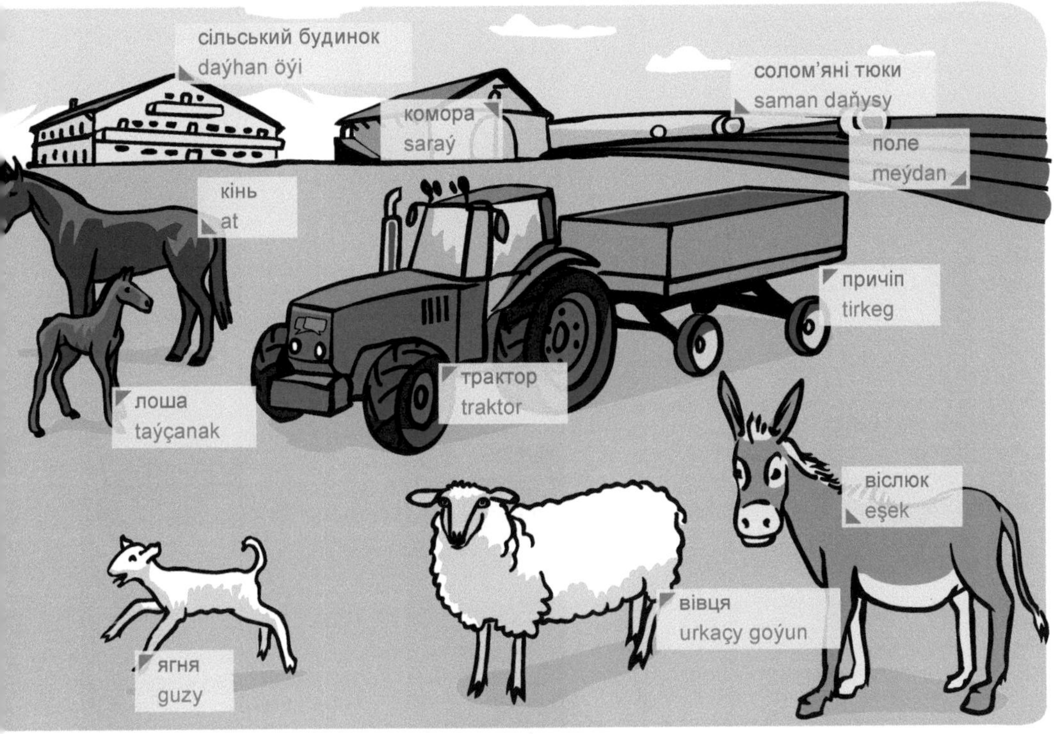
сільський будинок
daýhan öýi
комора
saraý
солом'яні тюки
saman daňysy
поле
meýdan
кінь
at
причіп
tirkeg
трактор
traktor
лоша
taýçanak
віслюк
eşek
вівця
urkaçy goýun
ягня
guzy

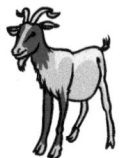

коза

geçi

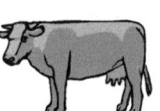

корова

sygyr

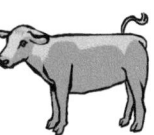

теля

göle

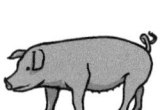

свиня

doňuz

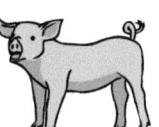

порося

jojuk

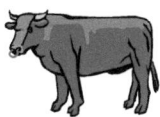

бик

öküz

гусак
gaz

качка
ördek

курча
jüÿje

курка
towuk

півень
horaz

щур
alaka

кіт
pişik

миша
syçan

віл
öküz

собака
it

собача будка
it ÿatagy

садовий шланг
bag şlangy

лійка
guÿgyç

коса
orak

плуг
azal

серп

orak

мотика

kätmen

вила

dökün çarşagy

сокира

palta

тачка

galtak

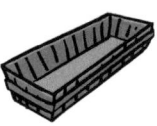

корито

kersen

бідон молока

süýt üçin tüňňür

мішок

halta

паркан

haýat

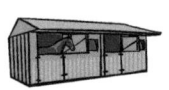

хлів

çörek

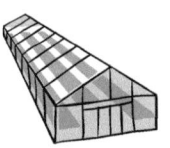

теплиця

ýyladyşhana

ґрунт

toprak

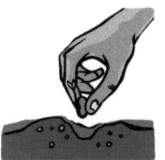

насіння

ekin

добриво

dökün

комбайн

kombaýn

пожинати

hasyl ýygnamak

урожай

galla

корінь ямсу

ýams

пшениця

bugdaý

соя

soýa

картопля

ýeralma

кукурудза

mekgejöwen

ріпак

raps

плодове дерево

miwe agajy

маніок

manioka

злаки

däneli ösümlikler

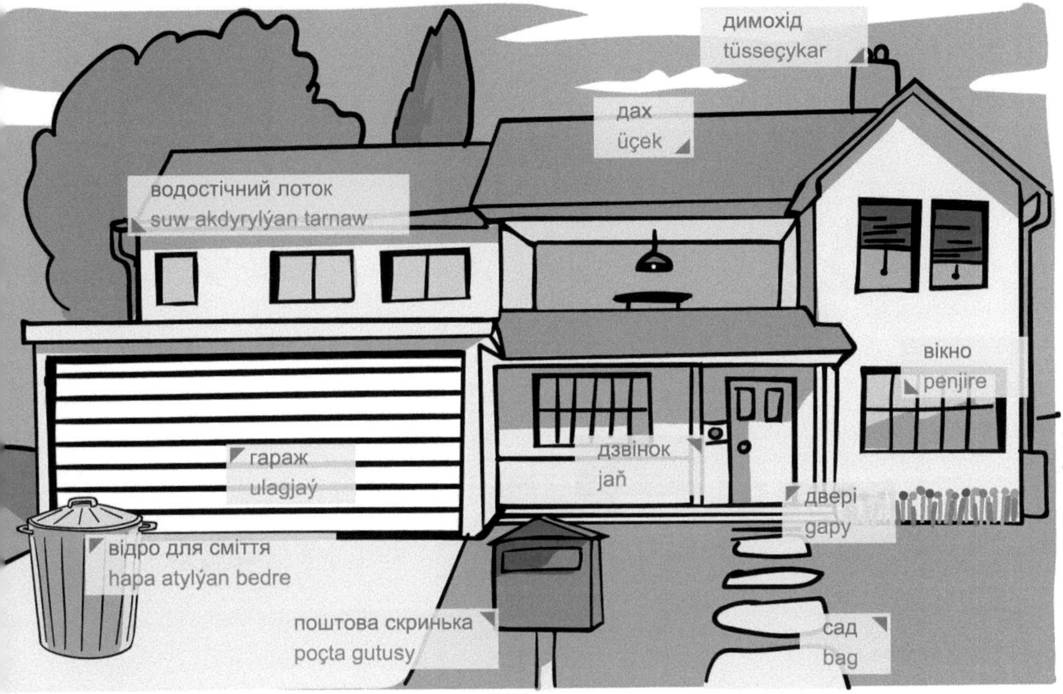

димохід
tüsseçykar

дах
üçek

водостічний лоток
suw akdyrylýan tarnaw

вікно
penjire

гараж
ulagjaý

дзвінок
jaň

двері
gapy

відро для сміття
hapa atylýan bedre

поштова скринька
poçta gutusy

сад
bag

вітальня

myhman otagy

ванна кімната

wanna otagy

кухня

aşhana

спальня

ýatalga otagy

дитяча кімната

çaga otagy

їдальня

naharhana

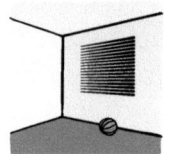

підлога

pol

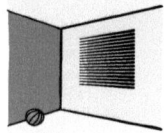

стіна

diwar

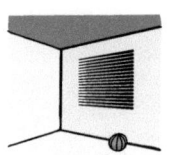

стеля

potolok

підвал

ÿerzemin

сауна

hamam

балкон

balkon

тераса

eÿwan

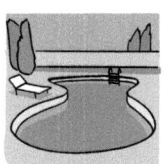

басейн

howdan

косарка

gazon orujy

простирало

ÿorgan daşlygy

ковдра

örtgi

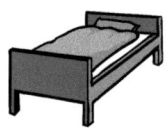

ліжко

ÿatakça

мітла

sübse

відро

bedre

перемикач

öçüriji

вітальня
myhman otagy

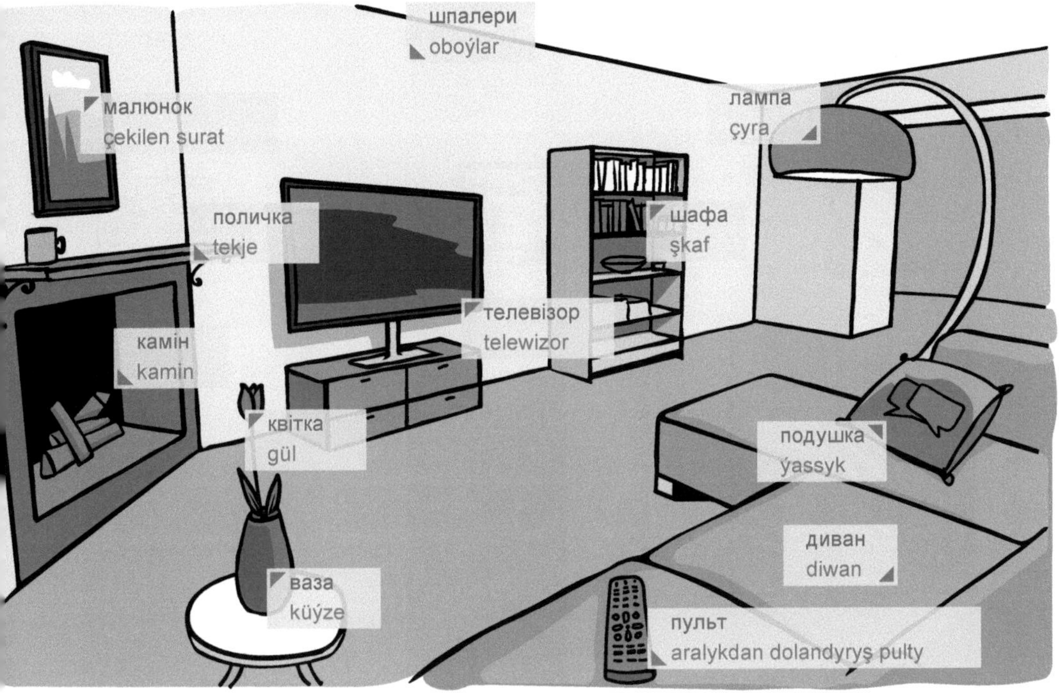

шпалери
oboýlar
малюнок
çekilen surat
лампа
çyra
поличка
tekje
шафа
şkaf
телевізор
telewizor
камін
kamin
квітка
gül
подушка
ýassyk
диван
diwan
ваза
küýze
пульт
aralykdan dolandyryş pulty

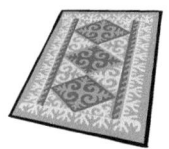

килим

haly

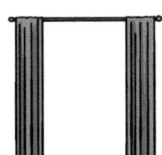

завіса

tuty

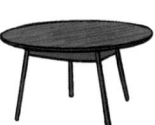

стіл

stol

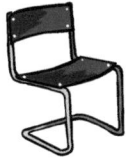

стілець

oturgyç

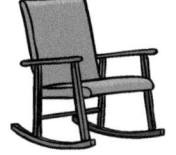

крісло-гойдалка

öňe-yza gaýdýan kürsi

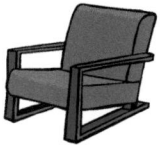

крісло

kürsi

книга

kitap

ковдра

örtgi

прикраса

bezeg

дрова

odun

фільм

film

стереосистема

stereo ulgam

ключ

açar

газета

gazet

картина

surat

плакат

ündewsurat

радіо

radio

блокнот

bloknot

пилосос

tozan sorujy

кактус

kaktus

свічка

şem

кухня

aşhana

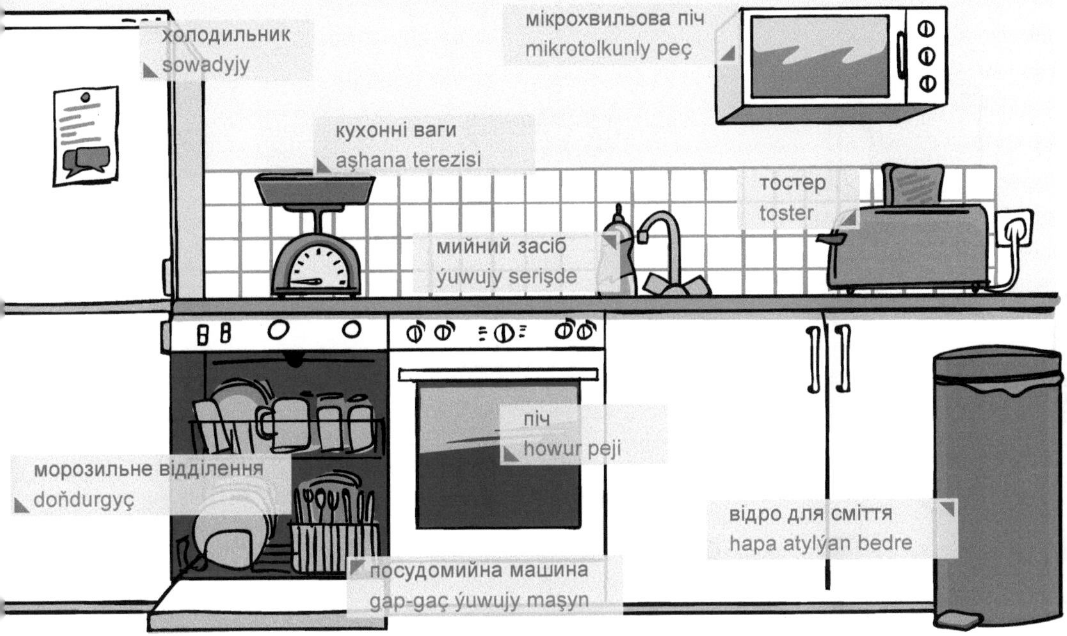

холодильник
sowadyjy
мікрохвильова піч
mikrotolkunly peç
кухонні ваги
aşhana terezisi
тостер
toster
мийний засіб
ýuwujy serişde
піч
howur peji
морозильне відділення
doňdurgyç
відро для сміття
hapa atylýan bedre
посудомийна машина
gap-gaç ýuwujy maşyn

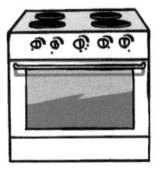

плита

plita

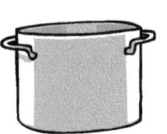

горщик

piti

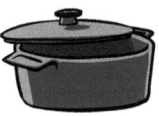

чавунний горщик

çoýun gazany

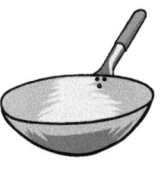

вок / кадай

wok / kadaý

сковорода

saç

чайник

çaýnek, kitir

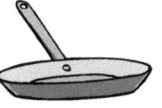

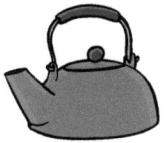

пароварка

bugda bişiriji

лист

protiwen

посуд

gap-gaç

кухоль

kürşge

чаша

jam

палички для їжі

nahar iýilýän taýajyklar

черпак

susak

лопатка

piljagaz

вінчик для збивання

ýaýylýan maşyn

сито

elek

сито

elek

терка

gyrgyç

ступка

soky

барбекю

gril

багаття

ot

дошка

tagta

качалка

oklaw

штопор

ştopor

конзерва

tüneke banka

відкривачка

konserwa pyçagy

прихватки

tutguç

раковина

rakowina

щітка

çotga

губка

gubka

міксер

mikser

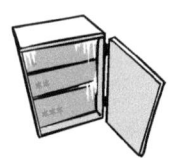

морозильна камера

doňdurma kamerasy

дитяча пляшка

çagany iýmitlendirmek üçin çüýşejik

кран

kran

ванна кімната
wanna otagy

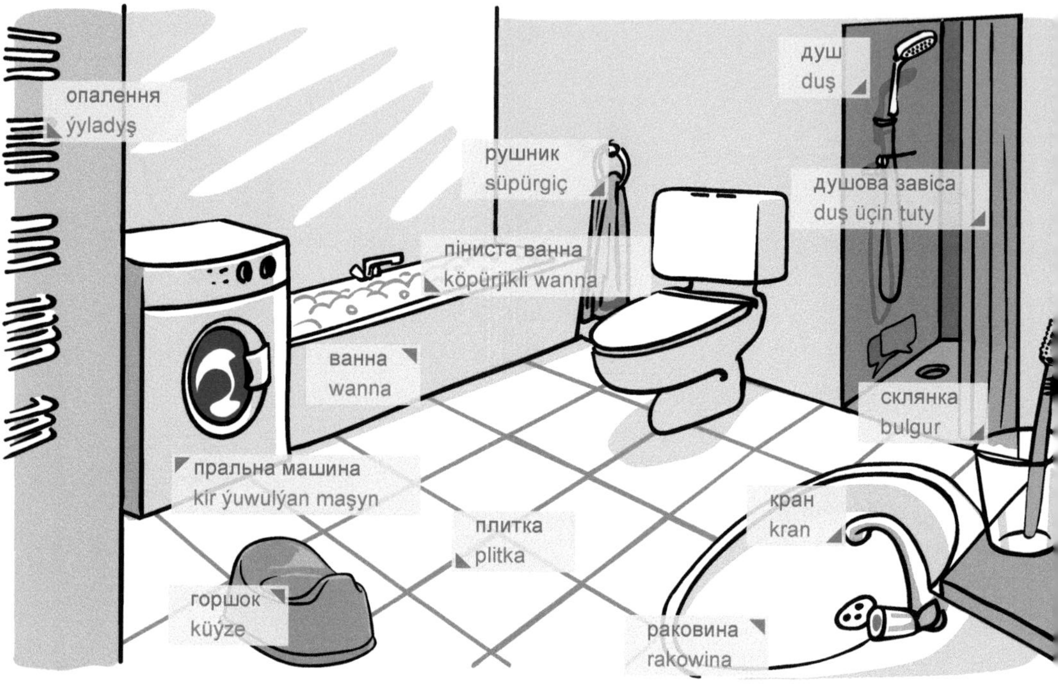

опалення
ýyladyş
душ
duş
рушник
süpürgiç
душова завіса
duş üçin tuty
піниста ванна
köpürjikli wanna
ванна
wanna
склянка
bulgur
пральна машина
kir ýuwulýan maşyn
кран
kran
плитка
plitka
горшок
küýze
раковина
rakowina

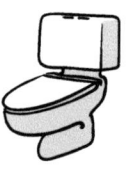

туалет

hajathana

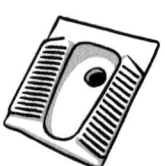

підлоговий туалет

polda oturdylýan unitaz

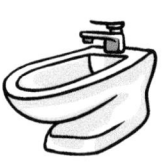

біде

bide

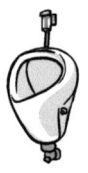

пісуар

pissuar

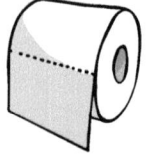

туалетний папір

hajathana kagyzy

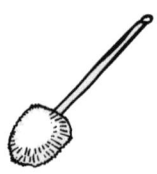

щітка для туалету

hajathana çotgasy

зубна щітка

diş çotgasy

зубна паста

diş pastasy

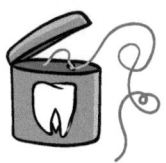

нитка для чищення зубів

diş sapagy

мити

ýuwmak

ручний душ

el duşy

інтимний душ

şahsy duş

таз

legen

щітка для спини

arka üçin çotga

мило

sabyn

гель для душу

duş üçin gel

шампунь

şampun

мочалка

moçalka

водостік

akyş

крем

krem

дезодорант

dezodorant

дзеркало

aýna

косметичне дзеркало

el aýnasy

бритва

päki

піна для гоління

sakgal syrmak üçin köpürjik

лосьйон після гоління

sakgal syrylanyndan soňky losýon

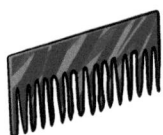

гребінь

darak

щітка

çotga

фен

fen

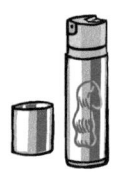

лак для волосся

saç üçin lak

косметика

kosmetika

губна помада

dodaga çalynýan reňk

лак для нігтів

dyrnaga çalynýan reňk

вата

pamyk

ножиці для нігтів

manikýur gaýçysy

парфум

atyr

косметичка

kosmetika üçin gutujyk

табурет

oturgyç

ваги

terezi

халат

halat

гумові рукавички

rezin ellik

тампон

tampon

гігієнічні прокладки

gigiýena prokladkasy

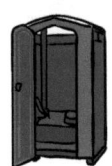

біотуалет

biohajathana

дитяча кімната

çaga otagy

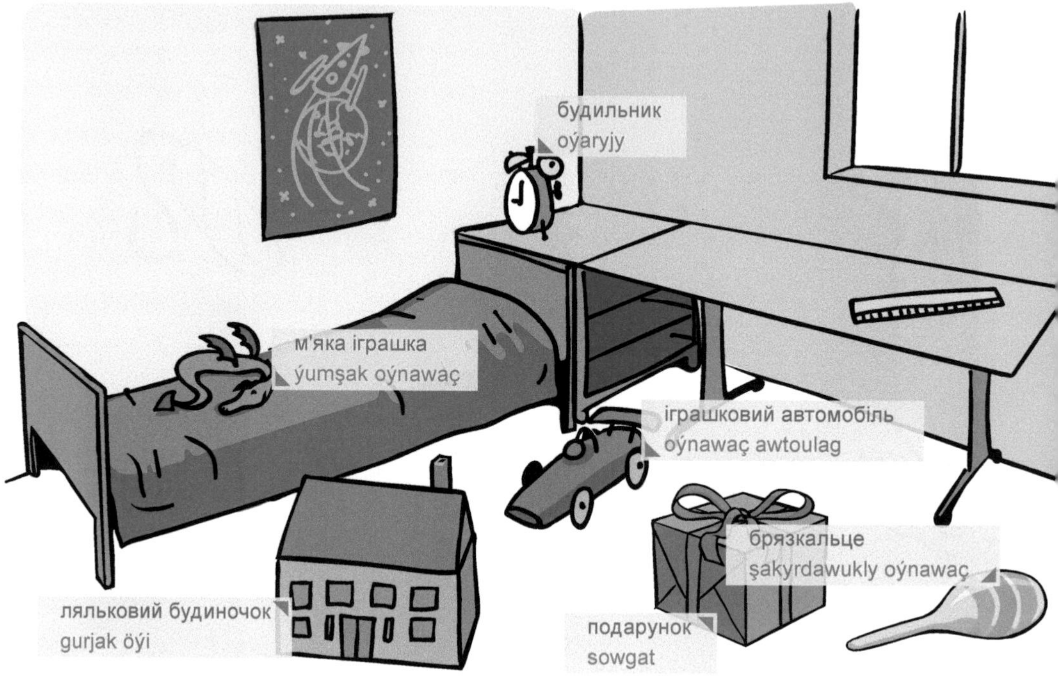
будильник
oýaryjy
м'яка іграшка
ýumşak oýnawaç
іграшковий автомобіль
oýnawaç awtoulag
брязкальце
şakyrdawukly oýnawaç
ляльковий будиночок
gurjak öýi
подарунок
sowgat

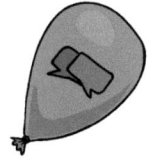

повітряна кулька

howaly şar

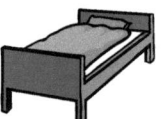

ліжко

ýatakça

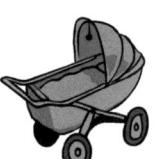

дитячий візок

çaga arabasy

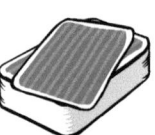

картярська гра

kart oýny

пазл

pazl

SUPER MEGA

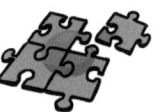

комікс

komiks

лего цеглинки

Lego kerpiçleri

блоки

kubikler

іграшкова фігурка

oýnawaç şekil

повзунки

çagalar üçin joraply balak

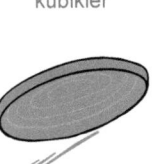

фризбі

frisbi

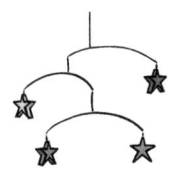

мобіле

mobile

настільна гра

stolüsti oýun

кубик

kubik

модель залізнична станція

demir ýolunyň modeli

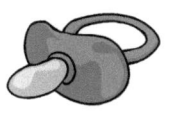

соска

soska

вечірка

şagalaň

книжка з картинками

şekilli kitap

м'яч

top

лялька

gurjak

грати

oýnamak

пісочниця

çäge aýmança

гойдалка

hiňňildik

іграшка

oýnawaç

гральна консоль

oýun pristawkasy

триколісний велосипед

üç tigirli welosiped

плюшевий мішка

plýuşadan aýyjyk

шафа

egin-eşik üçin şkaf

одяг

egin-eşik

шкарпетки

jorap

панчохи

çulki

колготки

kolgotka

шарф
şarf

парасоля
saýawan

футболка
futbolka

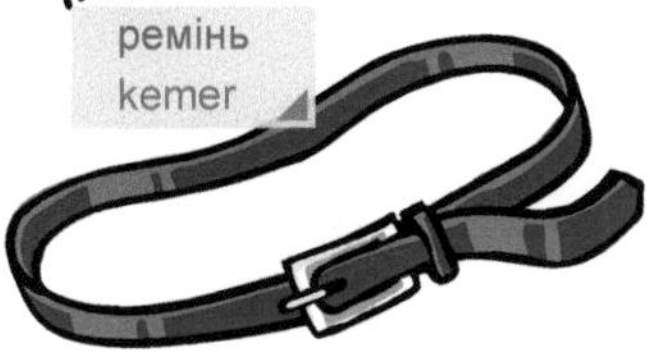

ремінь
kemer

чоботи
ädik

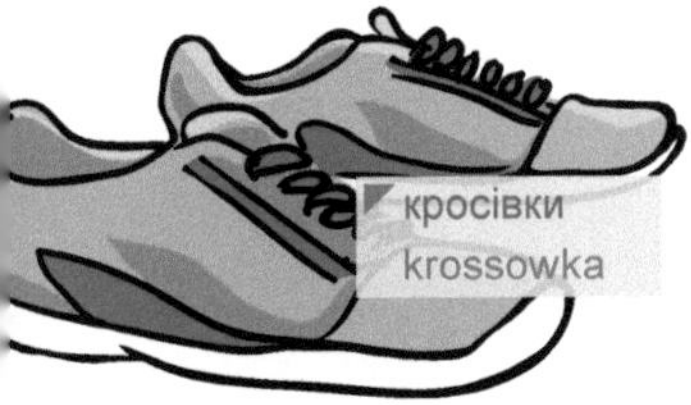

домашнє взуття
öý şypbygy

кросівки
krossowka

сандалі
sandaliýa

взуття
aýakgap

гумові чоботи
rezin ädik

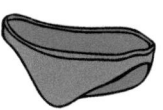

труси
türsük

бюстгальтер
göwüslik

нижня сорочка
maýka

боді

bodi

штани

jalbar

джинси

jins

спідниця

ýubka

блузка

bluzka

сорочка

köýnek

пуловер

switer

светр

switer

піджак

sport keltekçesi

куртка

žaket

пальто

palto

дощовик

plaş

костюм

kostýum

сукня

köýnek

весільна сукня

toý köýnegi

костюм

erkek üçin kostýum

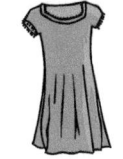

нічна сорочка

ýatyş köýnegi

піжама

pižama

сарі

sari

головна хустка

ýaglyk

чалма

selle

бурка

perenji

кафтан

kaftan

абая

abaýa

купальник

suwa düşmek üçin lybas

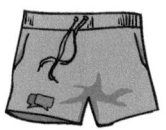

плавки

plawki

шорти

şorty

тренувальний костюм

sport lybasy

фартух

öňlük

рукавички

ellik

гудзик

ilik

окуляри

äýnek

браслет

bilezik

ланцюг

zynjyr

кільце

ýüzük

сережка

syrga

шапка

papak

плічка

geýim asgyç

капелюх

şlýapa

краватка

galstuk

застібка-блискавка

syrma

шолом

şlem

підтяжки

egnaşyr kemer

шкільна форма

mekdep lybasy

уніформа

lybas

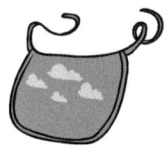

нагрудник

çaga döşlügi

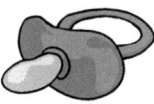

соска

soska

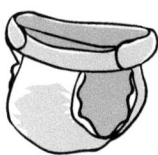

підгузок

arlyk

офіс

ofis

сервер
serwer
шаф для документів
kanselýariýa şkafy
принтер
printer
папір
kagyz
монітор
monitor
миша
syçanjyk
письмовий стіл
ýazuw stoly
папка
papka
синтезатор
klawiatura
стілець
oturgyç
кошик для паперу
kagyz üçin sebet
комп'ютер
kompýuter

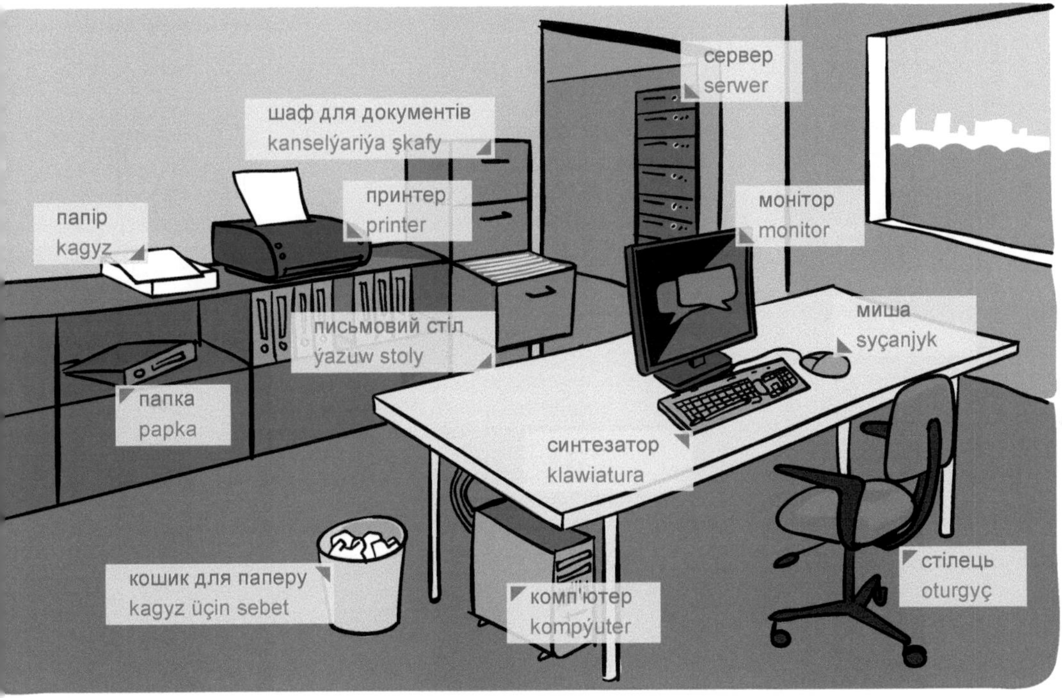

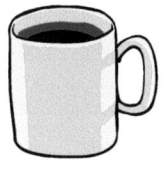

кавовий кухоль

kofe kružkasy

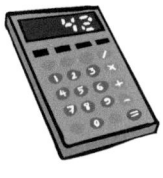

калькулятор

kalkulýator

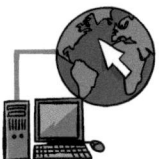

інтернет

internet

ноутбук

noutbuk

лист

hat

повідомлення

habar

мобільний телефон

öýjükli telefon

мережа

tor

копіювальний пристрій

kseroks

програмне забезпечення

programma

телефон

telefon

розетка

rozetka

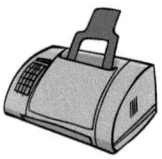

факс

faks

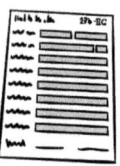

бланк

formulýar

документ

resminama

купувати

satyn almak

платити

tölemek

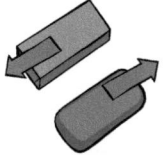

торгувати

söwda etmek

гроші

pul

долар

dollar

євро

ýewro

ієна

iena

рубль

rubl

франк

frank

юанів женьміньбі

ženminbi ýuan

рупія

rupiýa

банкомат

bankomat

обмінний пункт

walýuta çalyşmak üçin bent

золото

altyn

срібло

kümüş

нафта

nebit

енергія

energiýa

ціна

baha

контракт

şertnama

податок

salgyt

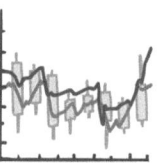

акція

paýnama

працювати

işlemek

працівник

gullukçy

роботодавець

iş beriji

фабрика

fabrik

магазин

dükan

професії
hünärler

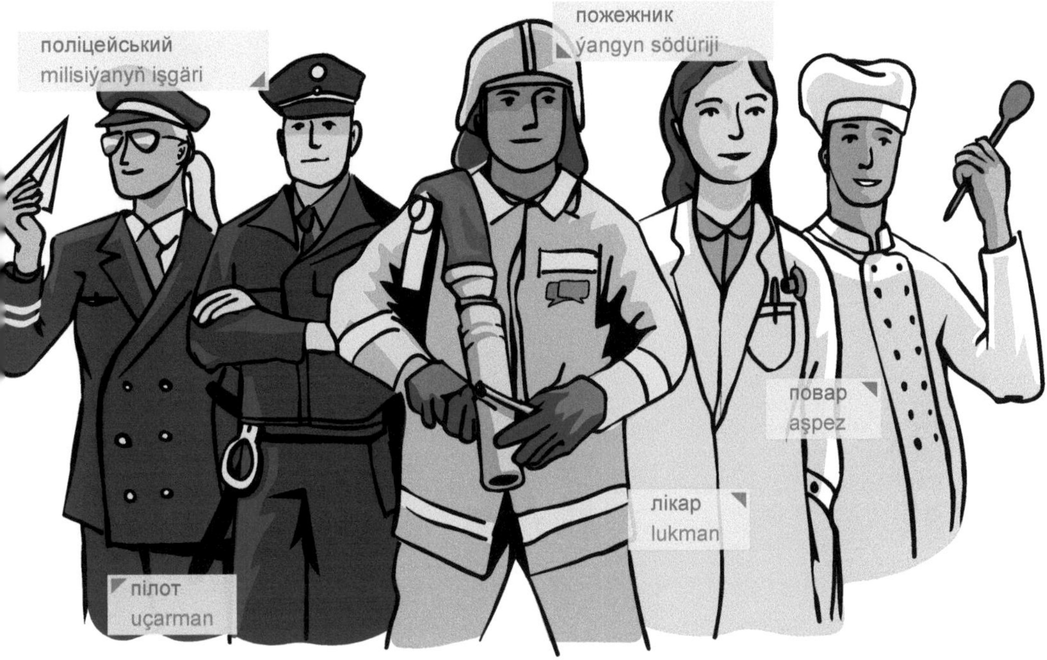
поліцейський
milisiýanyň işgäri
пожежник
ýangyn söndüriji
повар
aşpez
лікар
lukman
пілот
uçarman

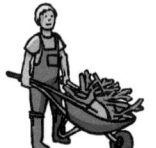

садівник

bagban

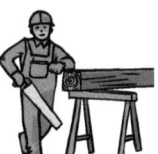

столяр

agaç ussasy

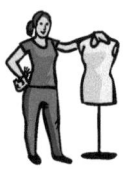

швачка

tikinçi

суддя

kazy

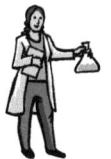

хімік

himik

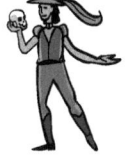

актор

aktýor

водій автобуса

awtobus sürüjisi

таксист

taksiçi

рибалка

balykçy

прибиральниця

tam süpüriji

покрівельник

üçek basyrýan ussa

офіціант

ofisiant

мисливець

awçy

художник

suratçy

пекар

çörekçi

електрик

elektrik

будівельник

gurluşykçy

інженер

inžener

забійник

gassap

бляхар

santehnik

листоноша

hatçy

солдат

esger

архітектор

binagär

касир

pulhanaçy

флорист

floraçy

перукар

dellekçi

кондуктор

konduktor

механік

mehanik

капітан

kapitan

дантист

diş lukmany

вчений

alym

рабин

rawwin

імам

imam

монах

monah

пастор

ruhany

інструменти
gurallar

щипці
ýasy agyzly atagzy
молоток
çekiç
викрутка
otwýortka
кишеньковий лі
jübü çyrasy
гайковий ключ
gaýka açary

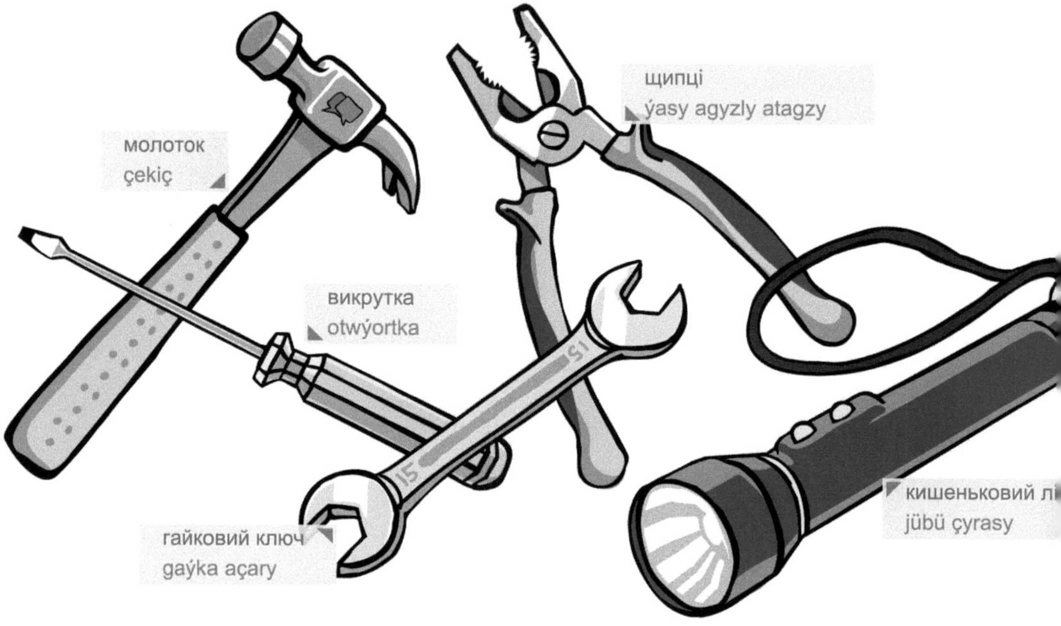

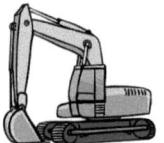

екскаватор

ekskawator

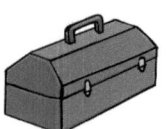

ящик для інструментів

gurallar üçin gap

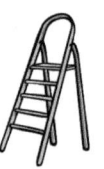

драбина

merdiwan

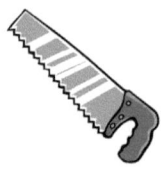

пилка

byçgy

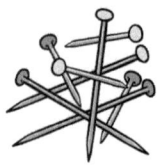

цвяхи

çüýler

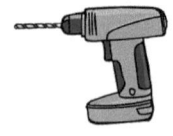

свердло

drel

ремонтувати

abatlamak

лопата

pil

лайно!

Bolmandyr!

совок

susguç

відро з фарбою

boýagly bedre

гвинти

nurbatlar

музичні інструменти
saz gurallary

ударна установка
kakylyp çalynýan saz guraly

динамік
batly gürleýji

контрабас
kontrabas

труба
turba

гітара
gitara

фортепіано

pianino

скрипка

skripka

бас

bas-gitara

литаври

nagara

барабан

deprek

клавіатура

sintezator

саксофон

saksafon

флейта

fleýta

мікрофон

mikrofon

зоопарк

haýwanat bagy

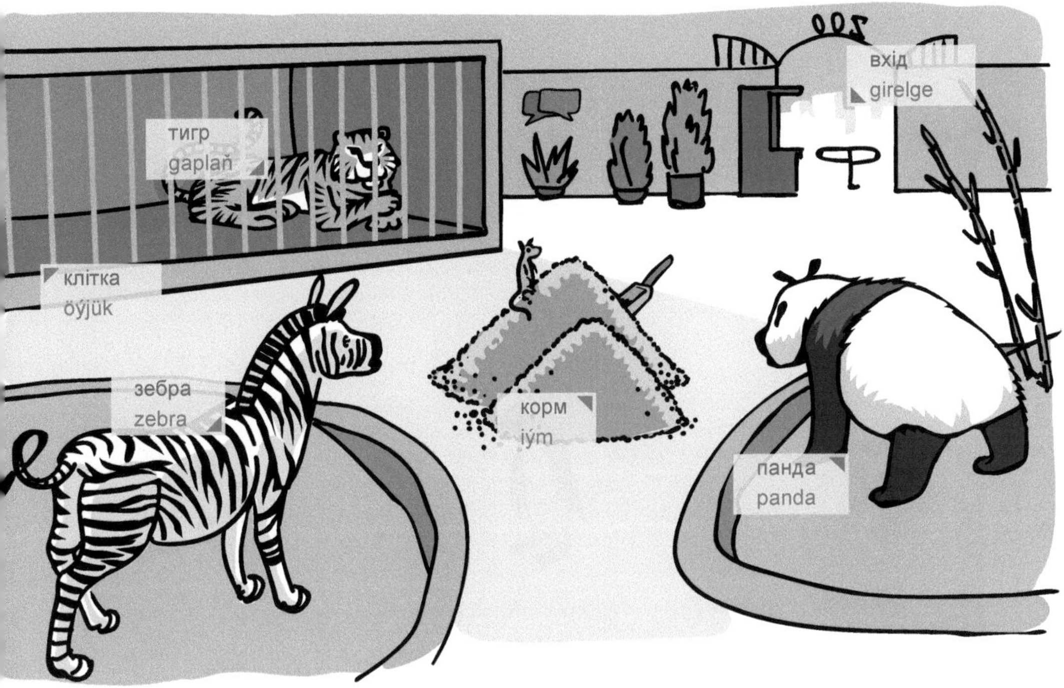
вхід
girelge
тигр
gaplaň
клітка
öýjük
зебра
zebra
корм
iým
панда
panda

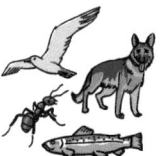

тварини

haýwanlar

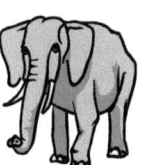

слон

pil

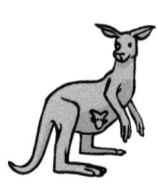

кенгуру

kenguru

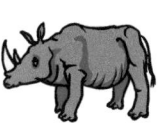

носоріг

nosorog

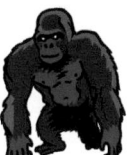

горила

gorilla

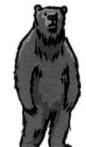

ведмідь

aýy

верблюд

düýe

страус

düýeguş

лев

ýolbars

мавпа

maýmyn

фламінго

gyzylinjik

папуга

hindiguş

білий ведмідь

ak aýy

пінгвін

pingwin

акула

akula

павич

tawus

змія

ýylan

крокодил

krokodil

працівник зоопарку

haýwanat bagynyň
gullukçysy

тюлень

düwlen

ягуар

ýaguar

зоопарк - haýwanat bagy

поні

poni

леопард

gaplaň

гіпопотам

begemot

жираф

žiraf

орел

bürgüt

кабан

ýekegapan

риба

balyk

черепаха

pyşbaga

морж

suwpişik

лисиця

tilki

газель

jeren

американський футбол
amerikan

їзда на велосипеді
tigir sürmek

теніс
tennis

баскетбол
basketbol

плавання
ýuzme

бокс
boks

хокей
hokkeý

футбол
futbol

бадмінтон
badminton

легка атлетика
ýeňil atletika

гандбол
gandbol

лижні перегони
lyža sporty

поло
polo

стрибати
bökmek

смiятися
gülmek

обiймати
gujaklamak

спiвати
aýdym aýtmak

йти
gitmek

молитися
dilemek

цiлувати
öpmek

мрiяти
arzuw etmek

писати

ýazmak

малювати

surat çekmek

показувати

görkezmek

тиснути

basmak

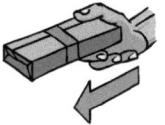

давати

bermek

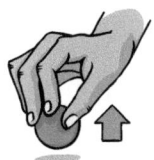

брати

almak

мати

eýe bolmak

робити

etmek

бути

bolmak

стояти

durmak

бігати

ylgamak

тягнути

çekmek

кидати

taşlamak

падати

gaçmak

лежати

ýatmak

очікувати

garaşmak

носити

götermek

сидіти

oturmak

одягати

geýmek

спати

ýatmak

просипатися

oýanmak

дії - hereket

дивитися

görmek

плакати

aglamak

гладити

sypalamak

розчісувати

daramak

розмовляти

gürlemek

розуміти

düşünmek

питати

soramak

слухати

diňlemek

пити

içmek

їсти

iýmek

прибирати

tertipleşdirmek

любити

söýmek

варити

taýýarlmak

їхати

gitmek

літати

uçmak

дії - hereket

йти під вітрилом

ýelkeni ýaýyp gitmek

рахувати

hasaplamak

читати

okamak

вчитися

okamak

працювати

işlemek

одружуватися

nikalaşmak

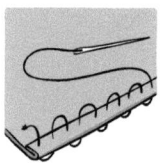

шити

dikmek

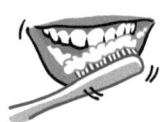

чистити зуби

dişiňi arassalamak

убивати

öldürmek

курити

çilim çekmek

посилати

ugratmak

бабуся
ene

дідуся
ata

батько
kaka

мати
eje

немовля
bäbek

донька
gyz

син
ogul

гість

myhman

тітка

daýza

дядько

daýy

брат

aga

сестра

uýa

тіло

ten

чоло
maňlaý
око
göz
плече
egin
палець
barmak
обличчя
ýüz
підборіддя
äň
кисть
penje
груди
döş
нога
aýak
рука
el

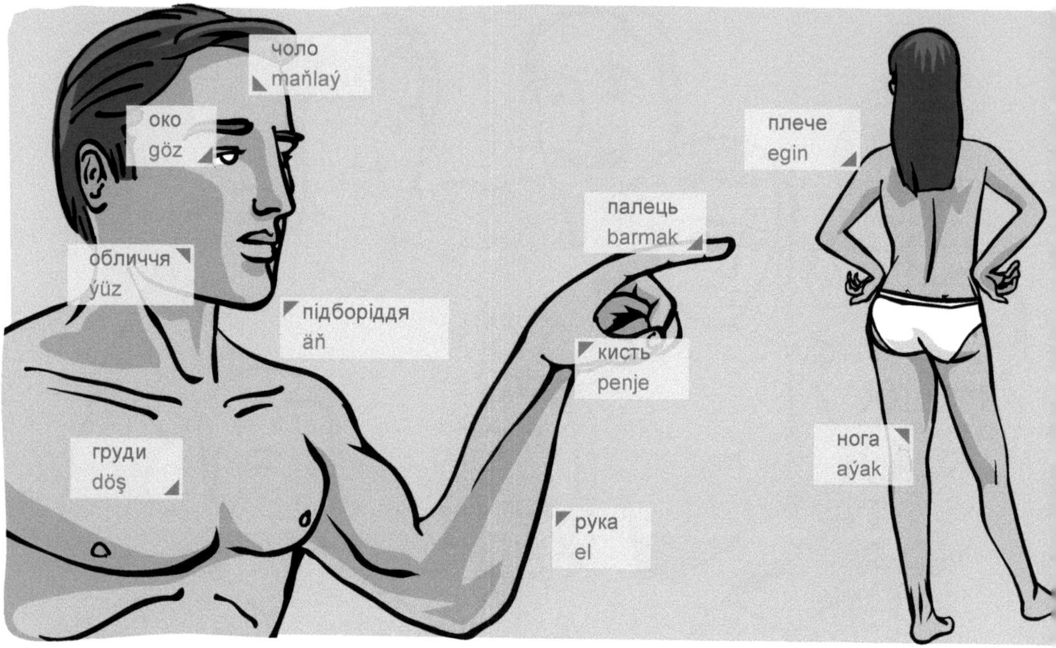

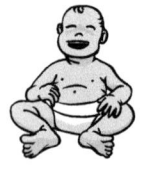

немовля

bäbek

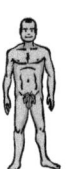

чоловік

erkek

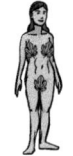

жінка

aýal

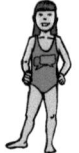

дівчина

gyz

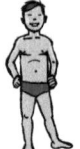

хлопчик

oglan

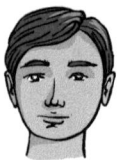

голова

kelle

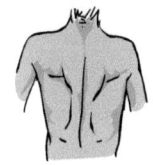

спина

arka

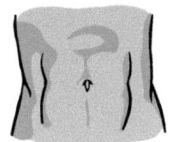

живіт

garyn

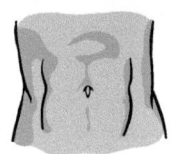

пуп

göbek

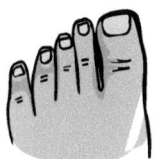

палець ноги

aýak barmagy

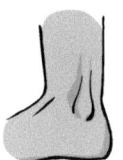

п'ята

ökje

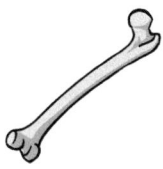

кістка

süňk

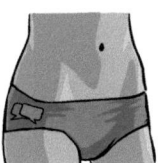

стегно

but

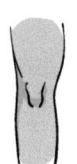

коліно

dyz

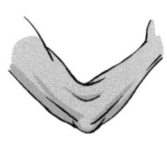

лікоть

tirsek

ніс

burun

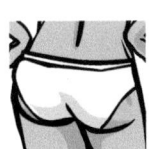

сідниці

ýanbaş

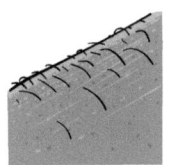

шкіра

deri

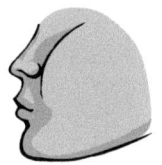

щока

ýaňak

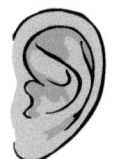

вухо

gulak

губа

dodak

тіло - ten

рот

agyz

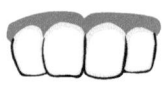

зуб

diş

язик

dil

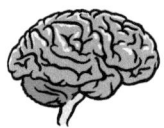

мозок

beýni

серце

ýürek

м'яз

myşsa

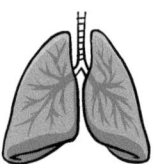

легені

öýken

печінка

bagyr

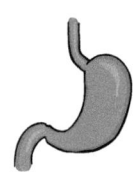

шлунок

aşgazan

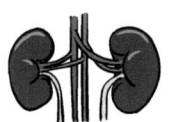

нирки

böwrek

статевий акт

jyns ýakynlygy

презерватив

prezerwatiw

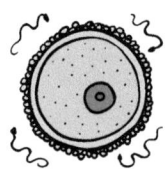

яйцеклітина

erkeklik jyns öýjügi

сперма

tohumlyk

вагітність

göwrelilik

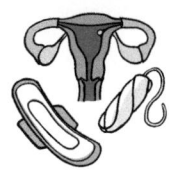

менструація

bil açylma

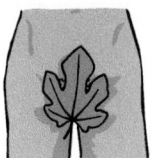

вагіна

wagina

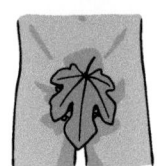

пеніс

erkek jyns agzasy

брова

gaş

волосся

saç

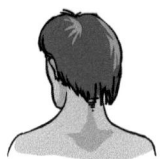

шия

boýun

лікарня
hassahana

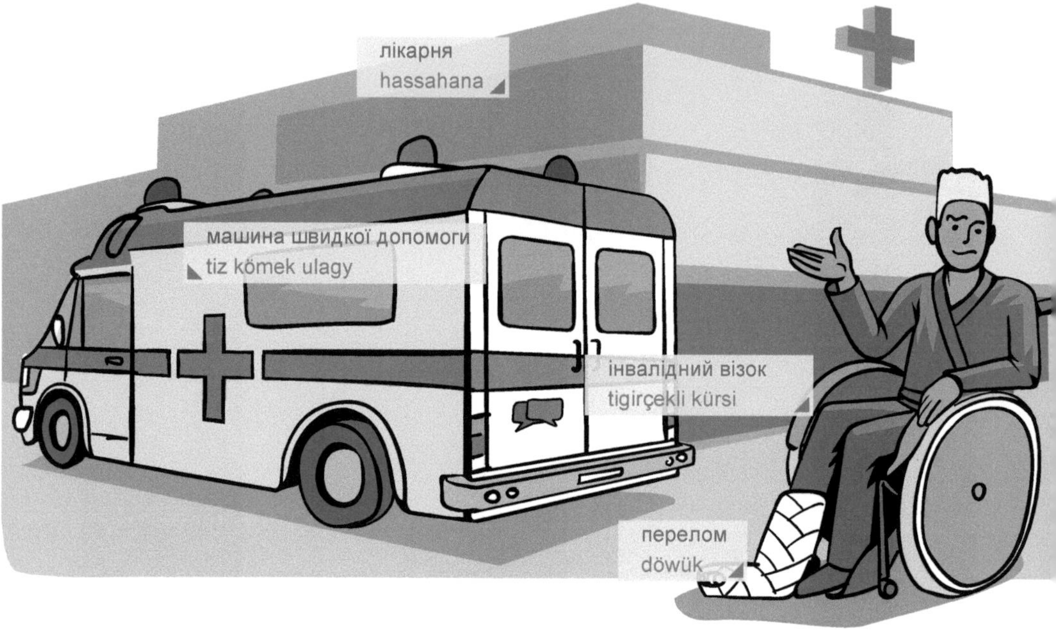

лікарня
hassahana
машина швидкої допомоги
tiz kömek ulagy
інвалідний візок
tigirçekli kürsi
перелом
döwük

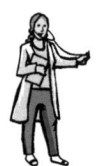

лікар

lukman

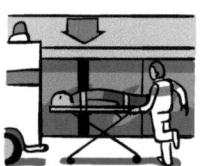

відділення швидкої медичної допомоги

ilkinji kömek nokady

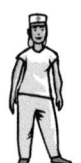

медсестра

şepagat uýasy

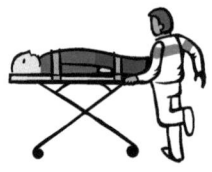

аварійний випадок

gaýragoýulmasyz ýagdaý

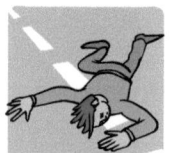

непритомний

özüni bilmän

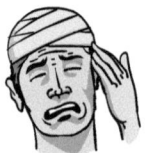

біль

agyry

травма

zeper ýetme

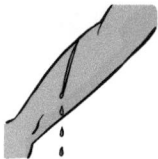

кровотеча

gan akmasy

інфаркт

infarkt

інсульт

insult

алергія

allergiýa

кашель

üsgülik

лихоманка

ýokarlanan temperatura

грип

dümew

пронос

içgeçme

головна біль

kelle agyrysy

рак

rak

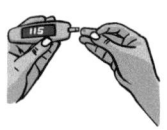

діабет

diabet

хірург

hirurg

скальпель

skalpel

операція

operasiýa

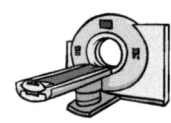

КТ

iýmit siňdirýän ortlaryň jemi

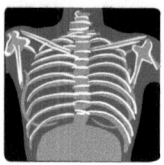

рентген

rentgen

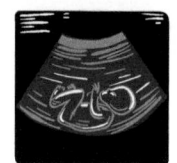

ультразвук

ultrases

маска

maska

хвороба

kesel

зал очікування

kabulhana

милиця

pişek

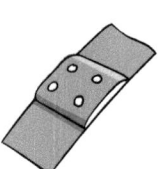

пластир

plastyr

пов'язка

bint

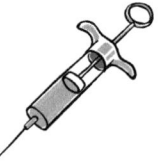

ін'єкція

sanjym

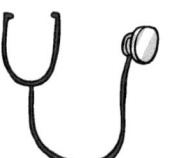

стетоскоп

stetoskop

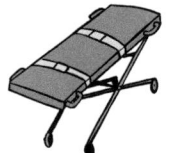

ноші

zemmer

термометр

termometr

народження

dogluş

надмірна вага

artykmaç agram

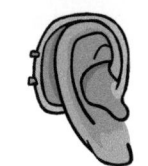

слуховий апарат

eşidiş abzaly

дезінфікуючий засіб

zyýansyzlandyryjy serişde

інфекція

ýokanç

вірус

wirus

ВІЛ / СНІД

WIÇ/ AIDS

медицина

derman

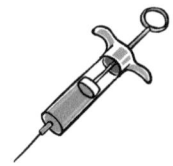

вакцинація

öňüni alyş sanjymy

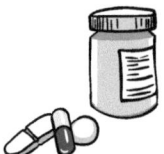

таблетки

gerdejikler

протизаплідна пігулка

göwreli bolmakdan goraýan gerdejik

екстрений виклик

gaýragoýulmasyz çagyryş

тонометр

gan basyşyny ölçeýji abzal

хворий / здоровий

näsag / sagdyn

лікарня - hassahana

сигнал тривоги

howsala signaly

напад

çozuş

Допоможіть!

Kömek ediň!

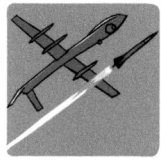

атака

hüjüm

небезпека

howp

аварійний вихід

ätiýaçlyk çykalgasy

Вогонь!

Ýangyn!

вогнегасник

ot söndürijisi

аварія

betbagtçylykly ýagdaý

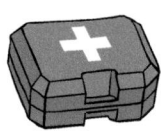

аптечка

derman gutujygy

СОС

SOS

поліція

milisiýa

Європа

Ýewropa

Північна Америка

Demirgazyk Amerika

Південна Америка

Günorta Amerika

Африка

Afrika

Азія

Aziýa

Австралія

Awstraliýa

Атлантика

Atlantika ummany

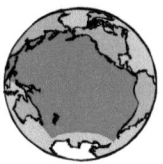

Тихий океан

Ýuwaş umman

Індійський океан

Hindi ummany

Антарктичний океан

Antarktika ummany

Північний Льодовитий океан

Demirgazyk Buzly umman

Північний полюс

Demirgazyk polýusy

Південний полюс

Günorta polýusy

Антарктика

Antarktida

Земля

zemin

суша

gury ýer

море

deňiz

острів

ada

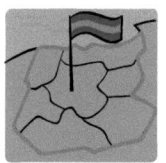

нація

millet

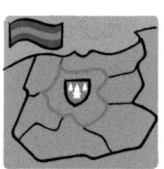

держава

döwlet

циферблат

siferblat

годинникова стрілка

sagadyň dili

хвилинна стрілка

minut görkezýän dil

секундна стрілка

sekundy görkezýän dil

Котра година?

sagat näçe?

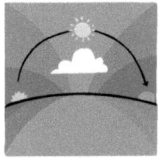

день

gün

час

wagt

зараз

häzir

цифровий годинник

elektron sagady

хвилина

minut

година

sagat

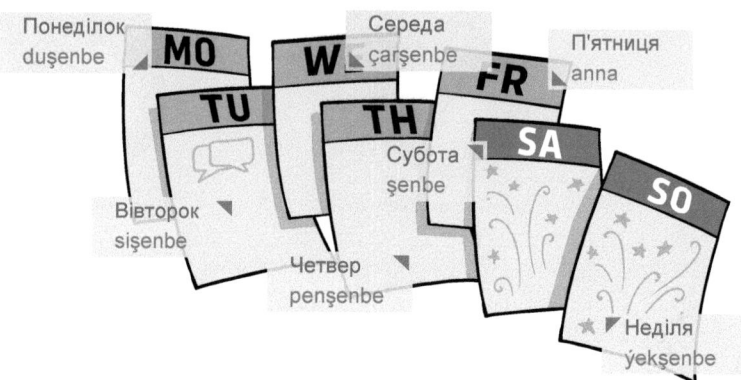

Понеділок
duşenbe

Середа
çarşenbe

П'ятниця
anna

Вівторок
sişenbe

Четвер
penşenbe

Субота
şenbe

Неділя
ýekşenbe

вчора

düýn

сьогодні

şu gün

завтра

ertir

ранок

säher

опівдні

günortan

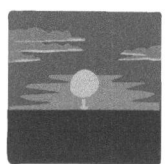

вечір

agşamlyk

робочі дні

iş günler

кінець робочого тижня

dynç günler

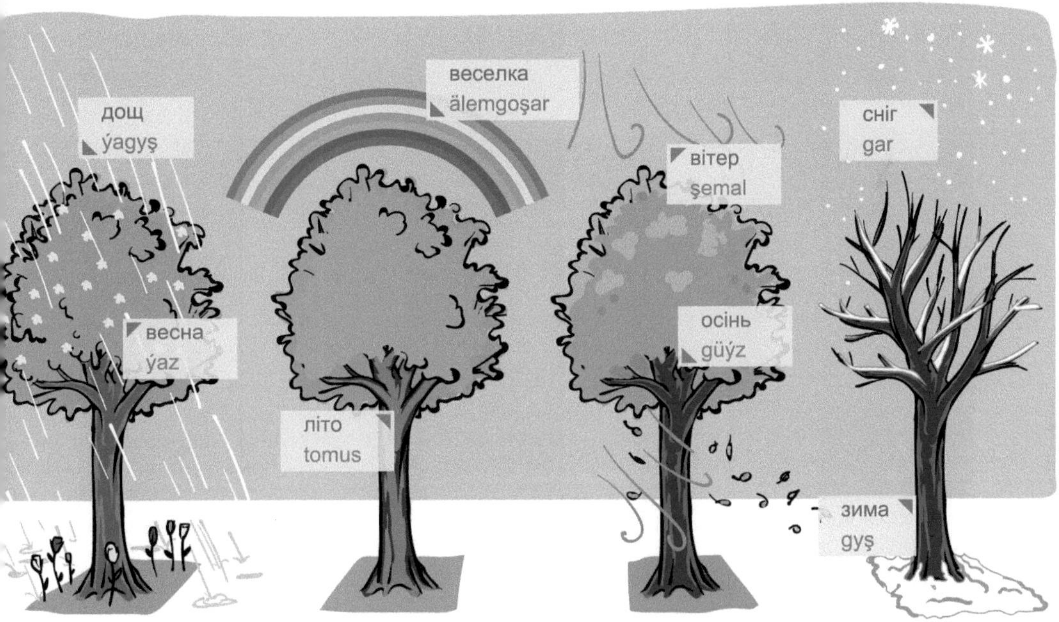

дощ
▸ ýagyş

веселка
▸ älemgoşar

вітер
şemal

сніг
gar

весна
▸ ýaz

осінь
▸ güýz

літо
tomus

зима
gyş

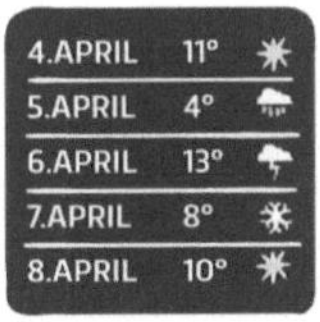

4.APRIL	11°	☀
5.APRIL	4°	☁
6.APRIL	13°	☁
7.APRIL	8°	☀
8.APRIL	10°	☀

прогноз погоди
howa maglumaty

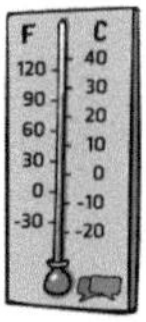

термометр
termometr

сонячне світло
gün ýagtylygy

хмара
gara bulut

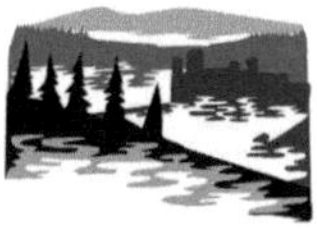

туман
ümür

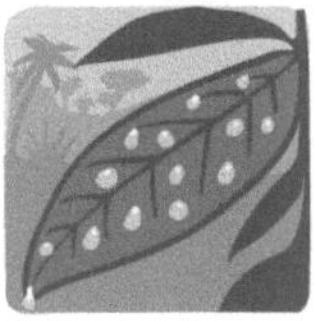

вологість повітря
howanyň çyglylygy

блискавка

ýyldyrym

грім

gök gümmürdisi

шторм

tupan

град

doly

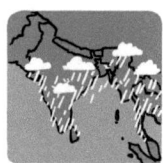

мусон

musson

повінь

suw alma

лід

buz

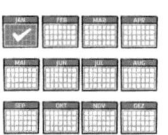

Січень

ýanwar

Лютий

fewral

Березень

mart

Квітень

aprel

Травень

maý

Червень

iýun

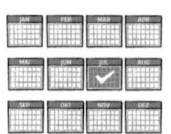

Липень

iýul

Серпень

awgust

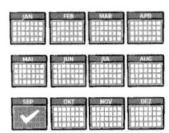

Вересень

sentýabr

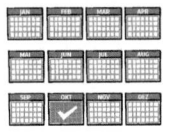

Жовтень

oktýabr

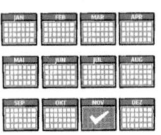

Листопад

noýabr

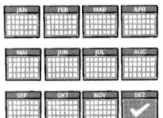

Грудень

dekabr

круг

tegelek

квадрат

kwadrat

прямокутник

göniburçluk

трикутник

üçburçluk

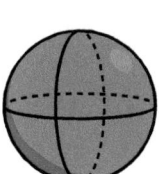

куля

şar

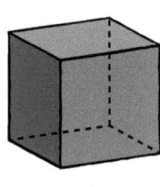

куб

kub

білий

ak

жовтий

sary

помаранчевий

mämişi

рожевий

gülgüne

червоний

gyzyl

фіолетовий

liliýa reňkli

синій

gök

зелений

ýaşyl

коричневий

goňur

сірий

çal

чорний

gara

багато / мало

köp / az

лютий / мирний

gazaply / asuda

гарний / бридкий

owadan / betnyşan

початок / кінець

başy / soňy

великий / малий

uly / kiçi

світлий / темний

açyk / garaňky

брат / сестра

oglan dogan / gyz dogan

чистий / брудний

arassa / hapa

завершений / незавершений

doly / doly däl

день / ніч

gündiz / gije

мертвий / живий

jansyz / diri

широкий / вузький

giň / dar

їстівний / неїстівний

iýilýän / iýilmeýän

злий / дружній

gaharly / dostlukly

збуджений / нудьгуючий

tolgunly / tukat

товстий / тонкий

çişik / hor

спочатку / востаннє

başda / soňunda

друг / ворог

dost / duşman

повний / порожній

doly / boş

жорсткий / м'який

berk / ýumşak

важкий / легкий

agyr / ýeňil

голод / спрага

açlyk / teşnelik

хворий / здоровий

näsag / sagdyn

незаконний / законний

bikanun / kanuny

розумний / дурний

akyly / akmak

вліво / вправо

çepde / sagda

поруч / далеко

ýakyn / daş

новий / використаний

täze / ulanylan

нічого / щось

hiç zat / bir zat

старий / молодий

garry / ýaş

вкл / викл

ýakylan / söndürilen

відкрито / закрито

açyk / ýapyk

тихо / гучно

ýuwaş / gaty

багатий / бідний

baý / garyp

правильно / неправильно

dogry / nädogry

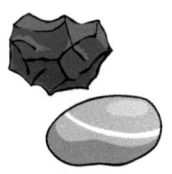

шорсткий / гладкий

büdür-südür / tekiz

сумний / щасливий

gamgyly / şatlykly

короткий / довгий

gysga / uzyn

повільно / швидко

haýal / tiz

вологий / сухий

öl / gury

гарячий / холодний

ýyly / sowuk

війна / мир

uruş / parahatçylyk

протилежності - garşylykly

0

нуль

nul

1

один

bir

2

два

iki

3

три

üç

4

чотири

dört

5

п'ять

bäş

6

шість

alty

7

сім

ýedi

8

вісім

sekiz

9

дев'ять

dokuz

10

десять

on

11

одинадцять

on bir

12

дванадцять

on iki

13

тринадцять

on üç

14

чотирнадцять

on dört

15

п'ятнадцять

on bäş

16

шістнадцять

on alty

17

сімнадцять

on ýedi

18

вісімнадцять

on sekiz

19

дев'ятнадцять

on dokuz

20

двадцять

ýigrimi

100

сто

ýüz

1.000

тисяча

müň

1.000.000

мільйон

million

англійська

iňlis

американська англійська

amerikan iňlis

китайська
високочиновницька

mandarin hytaý

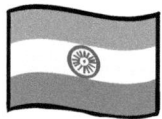

хінді

hindi

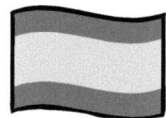

іспанська

ispan

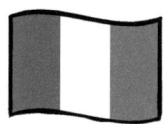

французька

fransuz

арабська

arap

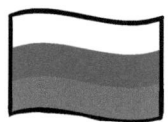

російська

rus

португальська

portugal

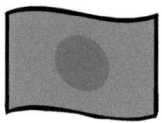

бенгальська

bengal

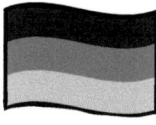

німецька

nemes

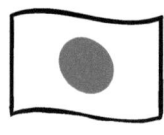

японська

ýapon

я

men

ти

sen

він / вона / воно

ol (oglan) / ol (gyz) / ol (jansyz zat)

ми

biz

ви

siz

вони

olar

хто?

kim?

що?

näme?

як?

nähili?

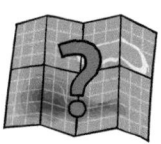

де?

nirede?

коли?

haçan?

ім'я

ady

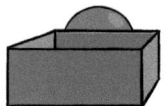

ззаду

yzynda

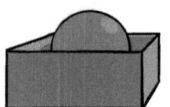

в

içinde

перед

öňünde

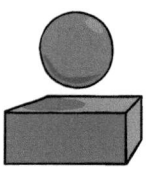

над

bir zadyň üsti

на

üstünde

під

aşagynda

біля

ýanynda

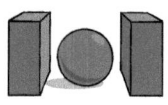

між

arasynda

місце

ýer